Beobachten, Experimente machen… : Das ist der beste Weg, um Wissenschaft zu lernen und zu begreifen! **Cécile Jugla**, Jugend-Autorin ist davon überzeugt: aus diesem Grund hat sie diese Buchserie voller Entdeckungen konzipiert.

Jack Guichard, ehemaliger Leiter des Palais de la Découverte (Palast der Entdeckung in Paris) und Initiator der „Cité des enfants" (Kinderausstellung ebenfalls in Paris), versucht alle wichtigen wissenschaftlichen Grundsätze erklärlich und lebhaft zu vermitteln.

Laurent Simon illustriert Bücher für Kinder und Jugendliche und schreibt sogar manchmal selbst welche. Er zeichnet besonders gerne für wissenschaftliche oder praktische Themen.

FSC
www.fsc.org

MIX
Papier aus verantwortungsvollen Quellen
FSC® C022030

Dieses Buch wurde auf Papier aus verantwortungsvollen Quellen gedruckt.

Mein kleines Labor
Experiment ZITRONE

1. Auflage 2020
ISBN: 978-3-85581-590-6

Texte: Cécile Jugla und Jack Guichard
Illustrationen: Laurent Simon
Aus dem Französischen von Alexandra Romary

Die Originalausgabe erschien:
Copyright © 2019 by Edition NATHAN, SEJER, Paris – Frankreich
Originaltitel: La science est dans le citron

Bohem Press AG · Centralweg 6 · 8910 Affoltern am Albis · Schweiz · www.bohem.ch
© 2020 Alle Rechte vorbehalten, auch auszugsweise

In der Reihe Mein kleines Labor erschienen desweiteren: **Experiment EI** und **Experiment PAPIER**

Wenn dir das Leben Zitronen schenkt, mach Limonade draus!

Mein kleines Labor

EXPERIMENT
ZITRONE

Texte von Cécile Jugla und Jack Guichard

Illustriert von Laurent Simon

Aus dem Französischen
von Alexandra Romary

BOHEM

INHALT

Einkaufs- und Suchliste

Vieles davon haben deine Eltern bestimmt schon in der Küche oder hast du selbst im Kinderzimmer, aber hiermit bist du komplett ausgerüstet für alle Experimente in diesem Buch:

Zitronen, mindestens 5 Stück

1 Limette

1 Apfel

Rotkohl

Granatapfelsirup (oder einen anderen Sirup)

Natron (findet man im Supermarkt beim Backpulver)

Wattestäbchen

Papier (normales A4-Papier)

1/2 Liter Milch

ein Stück Stoff oder Gaze oder ein Trockentuch

Schnittlauch, falls du ihn magst

Bügeleisen

Muschel

Murmel

farbige Kreide

Sand

Plastikflasche (z. B. eine leere Saftflasche)

Sprudelwasser und Leitungswasser

DARF ICH VORSTELLEN: DIE ZITRONE

Du hast diese Zitrone in der Küche gefunden.
Wie wäre es, wenn du sie dir genauer anschauen würdest?

Welche Form hat die Zitrone?

rechteckig	oval	rund	dreieckig	schwer zu sagen

Antwort: oval

Welche Farbe hat sie?

violett	orange	beige mit Muster	weiß	gelb	grün mit rosa Tupfen

Antwort: gelb

Sie ist so schwer wie:

ein voller Becher Joghurt   ein großer Brokkoli   eine volle Dose Limonade

Antwort: ein voller Becher Joghurt

Das hier ist eine grüne Zitrone: die Limette, eine Cousine der Zitrone!

Weißt du, wo eine Zitrone wächst?

| unter der Erde | auf dem Boden | an einem Bäumchen | auf dem Meeresboden |

Antwort: Die Zitrone ist die Frucht eines Bäumchens, dem Zitronenbaum. Sie ist mit ihrem Stiel an einem Ast befestigt.

Finde hier 3 Früchte, die mit der Zitrone verwandt sind.

die Kirsche

die Banane

die Ananas

die Orange

der Pfirsich

der Apfel

die Mandarine

die Aprikose

die Pampelmuse

Antwort:
Die Orange, die Mandarine und die Pampelmuse gehören, ebenso wie die Zitrone, zur Familie der Zitrusfrüchte.

Super! Diese Zitrone hat dir ihre Geheimnisse verraten. Blätter schnell um, um noch mehr zu erfahren.

WIE SIEHT EINE ZITRONE VON INNEN AUS?

Frage einen Erwachsenen um Hilfe, um die Zitrone in 2 Hälften zu schneiden und beobachte dann das Innere!

Das **Bla**

Die Zitrone besteht aus **Kammern**: Es sind zwischen 7 und 12 Stück. Zähl doch mal wie viele deine Zitrone hat! Diese Kammern enthalten das Fruchtfleisch und den Saft.

Zentralachse

Die **Schale** besteht aus 2 Schichten:

Die äußere Schale: Sie ist gelb und hart. Man nennt sie Zeste.

Ich habe einen Zitronenkern in die Erde gepflanzt ... und das ist passiert! Mach das doch nach!

Die innere Schale: Sie ist weiß und weich.

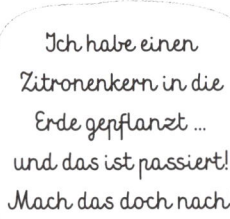

Der Kern ist das Samenkorn der Zitrone. Wie viele Kerne sind in deiner Zitrone?

Der **Stiel**

Ein Extra-Tipp:

Schau die äußere Schale deiner Zitrone genau an. In der gelben Schale siehst du kleine Poren, die mit Flüssigkeit gefüllt sind. Das ist die Essenz oder auch der Duft der Zitrone. Pikse hinein und probiere die Flüssigkeit. Sie schmeckt bitter.

Ich reibe die äußere Zitronenschale ab. Sie hat einen tollen Duft!!! Geradezu perfekt für meinen Kuchenteig!

Hmmm, das riecht so gut!

**Glückwunsch!
Das Innere der Zitrone ist nun kein Geheimnis mehr für dich!**

PRESSE DIE ZITRONE

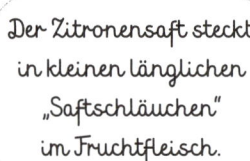

Der Zitronensaft steckt in kleinen länglichen „Saftschläuchen" im Fruchtfleisch.

Wie unterscheiden sich die Säfte dieser beiden Gläser?

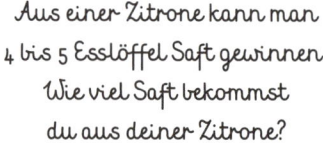

Aus einer Zitrone kann man 4 bis 5 Esslöffel Saft gewinnen. Wie viel Saft bekommst du aus deiner Zitrone?

Saft einer halben Zitrone, die mit der Hand gepresst wurde.

Saft einer halben Zitrone, die mit einer Zitronenpresse gewonnen wurde.

Kleiner Extra-Tipp

Bevor du deine Zitrone schneidest und presst, rolle sie fest auf einem Tisch: So kannst du den Saft aus den kleinen Schläuchen einfacher herausholen.

Antwort: Der Saft aus der Zitronenpresse enthält weder Fruchtfleisch noch Kerne. Außerdem bekommt man somit mehr Saft!

Wie funktioniert eine Zitronenpresse ?

Man muss die halbe Zitrone fest auf die Spitze drücken und sie dann drehen, um den Saft herauszupressen.

Die Kanten der Zitronenpresse zerstören die Seiten der Schläuchen: der Saft fließt heraus.

Das Gitter verhindert, dass Kerne und Fruchtfleisch in den Saft fallen.

Du hast die beste Methode entdeckt, um Zitronensaft aus der Zitrone zu gewinnen und weißt nun, wie eine Zitronenpresse funktioniert: Du bist ein Technik-Ass!

SO BRINGST DU DEINE ZITRONE ZUM SCHWIMMEN

Tauche 2 Zitronen und eine Limette ins Wasser!

He he, meine Zitrone schwimmt an der Oberfläche!

Die Limette geht unter!

Warum schwimmt die Limette nicht wie die Zitrone ?

Schau mal hier: Diese Zitrone wurde geschält.

Sie geht unter!

Die weiße Schicht der Zitronenschale enthält **Luftblasen**, die den Zitronen das **Schwimmen** ermöglichen.

Die Limette hat eine dünnere Schale, die **keine Luftblasen** enthält: Aus diesem Grunde **geht sie unter**.

Gratulation! Du hast entdeckt, dass Luft deiner Zitrone das Schwimmen ermöglicht: Das ist das Prinzip des Auftriebs!

SO BLEIBT DAS FRUCHT-FLEISCH DES APFELS HELL

Dieser Apfel wurde in 2 Hälften geschnitten.

Wir gießen Zitronensaft auf das Fruchtfleisch einer Apfelhälfte und verteilen ihn

He, was ist mit mir? Kümmert sich denn niemand um mich?

Wie sehen diese beiden Apfelhälften nach 4 Stunden aus ❓

> Ich sehe etwas gebräunt aus!

> Der Zitronensaft ist meine Sonnenmilch!

Die Hälfte, auf die kein Zitronensaft gegossen wurde, ist braun geworden.

Die Hälfte, auf die Zitronensaft gegossen wurde, hat sich nicht verändert.

Wie verhindert der Zitronensaft, dass der Apfel braun wird ❓

Das Fruchtfleisch „reagiert" im Kontakt mit dem Sauerstoff in der Luft und wird braun. Das nennt man **Oxidation**. Bei der Oxidation entsteht **Melanin**.

Melanin ist ein Stoff, der vor Sonne schützt; er steckt auch in Sommersprossen. Der Zitronensaft **verhindert** dank seines **Vitamin C**, dass das Fruchtfleisch **oxidiert**.

Verblüffend!

Bananen und Avocados oxidieren ganz leicht. Melonen und Tomaten jedoch nicht, denn sie enthalten ihr eigenes Vitamin C.

**Richtig stark:
Du hast die antioxidative Wirkung des Zitronensafts getestet!**

SO KRIEGST DU EINE MÜNZE BLITZEBLANK

Ich habe eine neue Münze: Sie ist rötlich und glänzt!

Blöd! Meine Münze ist alt und dunkel geworden.

Die Münze ist neu und rötlich, weil sie das Metall **Kupfer** enthält, das diese Farbe hat.

Mit der Zeit reagiert das Kupfer mit dem Sauerstoff in der Luft: Es wird dunkel oder **oxidiert**.

Ich habe einen Trick gefunden, um meine Münze wieder aufzuhellen ...

Schau mal!
Nachdem ich meine Münze mit einem Tuch getrocknet habe, ist die Hälfte, die ich in die Zitrone gesteckt habe, blitzeblank!

Danke für den Tipp!

Warum glänzt die Münze wieder ?

Die **Zitronensäure**, die im Zitronensaft enthalten ist, reagiert mit der dunklen Schicht auf der Münze, der **Oxidationsschicht**, und **zersetzt** sie!

Unfassbar!

Dank ihrer Eigenschaft, Oxidierung zu zersetzen, kann man mit Zitronen Gegenständen aus Kupfer und Silber (z. B. Besteck) ihren alten Glanz wiedergeben und weiße Wäsche weißer machen!

Herzlichen Glückwunsch! Du hast hiermit die des-oxidierende Wirkung von Zitronensaft beobachtet!

SCHREIBE EINE GEHEIME BOTSCHAFT

5–15 Minuten später ist die Botschaft trocken.

Papa muss das Papier jetzt eine Weile heiß bügeln ...

Bügeleisen auf „sehr heiß" stellen

... und unsere Geheimbotschaft wird nun sichtbar!

Warum wird Zitronensaft durch Hitze sichtbar ?

Wegen des enthaltenen **Zuckers**: Durch die **Hitze** wird der Zucker braun. Ebenso wie weißer Zucker, den man in einem Topf zum Schmelzen bringt und der zu **Karamell** wird.

Bravo, du hast nun entdeckt, dass Zitronensaft Zucker enthält, der bei Hitze karamellisiert!

SO ZAUBERST DU NEUE FARBEN

Nachdem man Rotkohl in kleine Stückchen geschnitten hat, gießt man heißes Wasser in die Schüssel.

Oh wie schön, das Wasser ist blau_lila!

Hehe, aber nicht lange!

**1 Stunde später:
Der Rotkohl ist nun abgekühlt!**

Filtriere den Saft mit einem kleinen Sieb und gieße ihn in 3 Gläser.

A

B

Die kleinen Rotkohlstückchen bleiben im Sieb.

C

Gib 4 Teelöffel Zitronensaft in dieses Glas.

Gib 4 Teelöffel Weißweinessig in dieses Glas.

B

C

Abrakadabra! Beide Säfte werden rot wie durch Zauberei!

Was ist der Trick ?

Rotkohlsaft reagiert auf **Säure** und wird dann rot. Hier wird gezeigt, dass Zitrone genauso **sauer** wie Essig ist! Das wirst du auch merken, wenn du puren Zitronensaft trinkst: Es brennt!

Du bist ein talentierter Chemiker: Du weiß nun, wie man eine Säure erkennt.

SO MACHST DU FRISCHKÄSE

Man benötigt einen halben Liter Milch.

Die Milch wird bei kleiner Flamme erhitzt, aber sie darf nicht kochen!
Den Topf von der Kochplatte nehmen, sobald sich kleine Blasen bilden.
Die Milch in eine Schüssel gießen und langsam den Zitronensaft dazugeben, dabei rühren.

Ich gieße 4 Esslöffel Zitronensaft in die warme Milch. Siehst du, ob schon etwas passiert?

Ja, die Milch gerinnt, es entstehen kleine feste Klumpen in der Milch.

Gelbliche transparente Flüssigkeit: **die Molke**

Kleine feste Klumpen: **der Bruch**

Warum gerinnt die Milch ?

Schon wieder eine chemische Reaktion!
Die **Zitronensäure** im Zitronensaft verwandelt einen Teil der Milch in **feste** Klumpen, sie **gerinnt**.

1 Stunde später

Der Bruch wird in ein Sieb gegossen.

dünner Stoff, Gaze oder ein sauberes Trockentuch

Dann wird er im Kühlschrank kalt gestellt.

Der Bruch tropft ab, die Molke wird in der Schüssel aufgefangen.

6 Stunden später

Ich habe den Bruch mit etwas Salz und gehacktem Schnittlauch gewürzt.

Hmm, leckerer Frischkäse!

Du Experte! Du kannst Milch zum Gerinnen bringen und hast damit die erste Stufe in der Käse-Herstellung kennengelernt!

SCHAU MAL, WAS HIER SCHÄUMT

Alle Gläser sind mit Zitronensaft gefüllt.

Meine Kunststoff-figur schäumt nicht!

Keine einzige Luftblase auf meiner Murmel!

Aus meiner Muschel steigen bald Luft-bläschen auf!

PSSSCH!!!

Meine Kreide sieht aus wie eine Brausetablette!

Warum schäumt es ?

Aufgrund einer **Reaktion** zwischen der **Zitronen-säure**, dem in der Muschel und in der Kreide enthaltenen Kalk werden Luftblasen produziert: Dieses Gas, das entsteht, heißt **Kohlendioxid**.

Und was passiert nun ?

Nach und nach verliert die Muschel ihren Kalkanteil. Es sieht aus wie eine weiße Paste.

Igitt!

Der Kalkanteil der Kreide und ihr Farbstoff lösen sich relativ schnell in dem Saft: Dieser färbt sich blau.

Kaum zu glauben!

Zitronensaft zersetzt ebenfalls den Kalk auf Armaturen, z. B. Wasserhahn und Duschbrause. So sehen sie wie neu aus!

Sehr cool! Du kannst nun dank der Zitronensäure Gegenstände erkennen, die Kalk enthalten!

SO ZAUBERST DU EINEN VULKAN

Ich habe den gepressten Saft von 2 Zitronen und die gleiche Menge an Wasser in diese Flasche gegossen.

Ich füge noch einen Teelöffel Granatapfelsirup für die Lava-Farbe hinzu.

Und wir schleppen Sand, um einen Vulkanberg zu bauen!

Ich kippe einen Teelöffel Natron in die Flasche ...

... und der Vulkanausbruch beginnt!

Wow!

Kaiser-Natron

Wie entsteht die Lava?

Die **Zitronensäure** reagiert mit dem **Natron**.
Bei dieser chemischen Reaktion entstehen
viele Luftbläschen aus **Kohlendioxid**, die die
rote Flüssigkeit aus der Flasche drücken.

Extra-Tipp

Mach dein eigenes Soda-Getränk
mit dem Saft einer gepressten
Zitrone, der gleichen Menge
Wasser, einem Teelöffel Zucker
und einer Prise Natron!

Natron + Zitrone =
super viel Kohlendioxid
Bravo, du kennst nun diese
Gleichung in- und auswendig!